多分、風。

作詞・作曲：Ichiro Yamaguchi

JN129326

PIANO SOLO

AM7 B C♯m E
B AM7 B
すな ー
だれもが わすれる
C♯m E AM7 B C♯m
あぜみちを しずかに なめてく かぜばしり
C♯m E AM7 B C♯m E
しらない あのこと じてんしゃで すれちがっ
C♯m/F♯ G♯
ーた ー そのしゅんかん ー ーー ー ー
C
F♯m7(9) AM7 B C♯m7 E/D♯ F♯m7(9) AM7
かぜ はーしーら せたあの ーこに ややあ つ いしーせん あせらーせーた
AM7 B C♯m7 E EM7/F♯ F♯m7(9) AM7 B
そのしぐ ーさに (yeah) (yeah) かぜ はーしーら せたあの
B C♯m7 E/D♯ F♯m7(9) G♯ G♯7/C C♯m7
ーこに ややあ つ いしーせん あせらーせーた このきせ ーつに

1.
Interlude1
C♯m7 AM7 B C♯m E
つれていかれたら ー
AM7 B C♯m E
C♯m
A-3
C♯m7(9) EM7
ほら ショー ト ヘア を な
C♯m7(9) EM7 AM7(9) E/B
びかせたあのこ くち に は い り か け て た か
C♯m7(9) EM7 AM7(9) E/B E/C C♯m
ー み が か ー み が いま ダ ウン ビー ト の
C♯m7(9) EM7 C♯m/F♯ C♯m/G C♯m/G♯ G♯m7 B
しずかなかぜと からみあっ ー た じかん
Interlude2
AM7 F♯m7 AM7/B C♯m7(9)
ー

AM7 F♯m7 AM7/B C♯m7(9)
AM7 F♯m7 A/B C♯madd9
AM7 F♯m7 A/B C♯m
Interlude3
AM7 F♯m7(9) EM7/B C♯m7
F♯m7(9) G♯
G♯
L.H.
C-2
AM7 B C♯m7 E
あ ぜ は ー し ー ら せ た あ の ー こ は た ぶん か ー ぜ

AM7 B C♯m7 E
AM7 B C♯m7 E
あ せ ら ー せ ー た あ の し ぐ ー さ は た ぶ ん か ー ぜ
AM7 G♯7 Cdim C♯m7 F♯m7
ー
か ぜ は ー し ー ら
2.
Ending
C♯m7 F♯m7(9) AM7 B C♯m7
ー つ れ て い か れ た ら ー
C♯m7 E/D♯ F♯m7(9) AM7 B C♯m7 E EM7/F♯
F♯m7 AM7 B C♯m7 E/D♯
F♯m7 F♯m7/G G♯ G♯/C C♯m7

多分、風。

作詞・作曲：Ichiro Yamaguchi

PIANO & VOCAL

A-2
AM7 B C♯m E AM7
アッ プ ビー トの はじけたかぜで くちにはいっーた
AM7 B C♯m E
すなー
B
AM7 B
だれもーが わすれーる
C♯m E AM7 B C♯m
あぜみーちを しずかーに なめてーく かぜばーしり
C♯m E AM7 B C♯m E
しらなーい あのこーと じてんーしゃで すれちがっ
C♯m/F♯ G♯
ーたー そのしゅんかん ー ーー ーー

C
F♯m7(9) AM7 B C♯m7 E/D♯ F♯m7(9) AM7
かぜ はーしーら せ た あ の ーこに ややあ つ いしーせん あせ らーせーた
AM7 B C♯m7 E EM7/F♯ F♯m7(9) AM7 B
そ の し ぐ ーさに (yeah)_____ (yeah)_________ かぜ はーしーら せ た あ の
B C♯m7 E/D♯ F♯m7(9) G♯ G♯7/C C♯m7
ーこに ややあ つ いしーせん あせ らーせーた こ の き せ ーつに
1.
Interlude1
C♯m7 AM7 B C♯m E
つ れていか れ た らー
AM7 B C♯m E

A-3
C♯m C♯m7(9) EM7
(オクターブ下をユニゾン)
ほ ら ショー ト ヘ ア を な
C♯m7(9) EM7 AM7(9) E/B
び か せ た あ の こ く ち に は い り か け て た か
C♯m7(9) EM7 AM7(9) E/B E/C C♯m
ー み が か ー み が い ま ダ ウン ビー ト の
C♯m7(9) EM7 C♯m/F♯ C♯m/G C♯m/G♯ G♯m7 B
し ず か な か ぜ と か ら み あっ ー た じ かん
Interlude2
AM7 F♯m7 AM7/B C♯m7(9)
ー (オクターブ下をユニゾン)

AM7
F♯m7
AM7/B
C♯m7(9)
AM7
F♯m7
A/B
C♯madd9
AM7
F♯m7
A/B
C♯m
Interlude3
AM7
F♯m7(9)
EM7/B
C♯m7
F♯m7(9)
G♯
G♯
L.H.
C-2
AM7
B
C♯m7
E
あ ぜ は ー し ー ら せ た あ の ー こ は た ぶん か ー ぜ

AM7 B C♯m7 E
AM7 B C♯m7 E
あせ らーせーた あの しぐーさは たぶん かーぜ
AM7 G♯7 Cdim C♯m7 F♯m7
かぜ はーしーら
2.
Ending
C♯m7 F♯m7(9) AM7 B C♯m7
つれていかれたら ー
C♯m7 E/D♯ F♯m7(9) AM7 B C♯m7 E EM7/F♯

多分、風。

作詞・作曲：Ichiro Yamaguchi

ほらショートヘアをなびかせたあの子
やけに気になりだした　なぜか

今アップビートの弾けた風で
口に入った砂

誰もが忘れる畦道を
静かに舐めてく風走り

知らないあの子と自転車で
すれ違ったその瞬間

風　走らせたあの子にやや熱い視線
焦らせたその仕草に

風　走らせたあの子にやや熱い視線
焦らせたこの季節に

連れて行かれたら

ほらショートヘアをなびかせたあの子
口に入りかけてた髪が

今ダウンビートの静かな風と
絡み合った時間

畦　走らせたあの子は　多分　風
焦らせたあの仕草は　多分　風

風　走らせたあの子にやや熱い視線
焦らせたその仕草に

風　走らせたあの子にやや熱い視線
焦らせたこの季節に

連れて行かれたら

FAIRY PIANO PIECE No.1329　〈PIANO SOLO・PIANO&VOCAL〉

多分、風。　作詞・作曲：Ichiro Yamaguchi

2016年11月14日初版発行　定価（本体600円＋税）

発行人　久保 貴靖　　編曲・浄書　山本 躍
編集人　水野 陽一郎・石井 央樹

発行所　株式会社フェアリー
〒110-0004 東京都台東区下谷 1-4-5 ルーナ・ファースト 4F
TEL 03-5830-7151　FAX 03-5830-7152
ホームページ URL http://www.fairysite.com/

通信販売のお知らせ

当社の出版物は全国の有名楽器店・書店でお求めになれますが、お店での入手が困難な場合は
以下の手順でお申し込みいただければ直接当社からお送り致します。
1. 電話（03-5830-7151）またはFAX（03-5830-7152）でご希望の商品の在庫を確認し、ご予約下さい。
　ホームページURL http://www.fairysite.com からもご予約いただけます。
2. ご希望の商品タイトル・本体価格・ご住所・お名前・お電話番号を明記し、本体価格＋税の合計に
　発送手数料（配送料を含む）380円を加えた金額を当社までご送金下さい。
　入金が確認出来しだい商品を発送致します。
【送金方法】
(1)巣鴨信用金庫・白山支店・普通 3000196・株式会社フェアリーへのお振り込み
(2)郵便振替・口座番号 00120-2-726692・株式会社フェアリーへのお振り込み

JASRAC 出 1613779-601